UN
SANCTUAIRE A MARIE

OU

PÈLERINAGE

DE

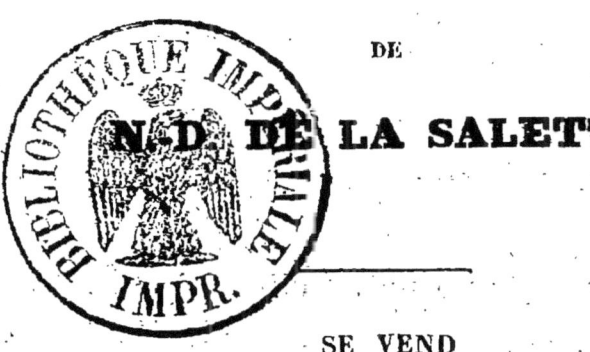

N.-D. DE LA SALETTE.

SE VEND

Au profit de l'œuvre de la Salette.

VOUZIERS,

CHEZ AUG. LAPIE, IMPRIMEUR-LIBRAIRE,

Rue de l'Église, 10.

1858

SANCTUAIRE A MARIE

OU

PÈLERINAGE

AUX AUTELS DE LA SAINTE VIERGE

EN VENDÉE

Par un Prêtre du Diocèse de la Rochelle.

FONTENAY
IMPR. ROBUCHON, ÉDITEUR

Délégué de Monseigneur l'Evêque de Grenoble pour recueillir les offrandes destinées à l'érection d'un nouveau Sanctuaire à Marie, nous nous sommes livré avec bonheur à cette noble et consolante mission.

Presque partout et jusque dans les plus chrétiennes paroisses, nous avons reconnu que le prodige de l'apparition de la très-sainte Vierge sur la montagne de la Salette, a encore besoin d'être connu et expliqué. Pour nous épargner des détails, et préparer en même temps les cœurs à la bonne œuvre dont le soin nous a été confié, nous avons

— 4 —

cru utile de publier cette courte notice (1), après toutefois en avoir reçu l'autorisation de Monseigneur l'Evêque de Grenoble.

Puisse-t-elle être agréable à la Reine du Ciel, et favorable à l'œuvre éminemment française et catholique du Sanctuaire de la Salette !

L'abbé LIMOISIN.

---

(1) Ceux qui désirent plus de détail sur l'événement de la Salette, peuvent consulter les ouvrages de M. Rousselot, vicaire-général du diocèse de Grenoble.

UN SANCTUAIRE A MARIE
ou
PÈLERINAGE DE N.-D. DE LA SALETTE.

Le 19 septembre 1846 (c'était un samedi, veille de la fête de Notre-Dame des Sept-Douleurs, qui se célèbre le troisième dimanche de septembre), Maximin et Mélanie, conduisant leurs troupeaux, arrivent ensemble sur le plateau dit *Sous-les-Baisses*. La journée était belle, le ciel sans nuages, le soleil brillant. Vers l'heure de midi, que les deux bergers reconnaissent au son de la cloche de l'Angelus, ils prennent leur petit repas, traversent le petit ruisseau de *Sezia*, déposent leurs sacs près d'une fontaine alors tarie, et à quelques pas de là, contre leur ordinaire, disent-ils, ils s'endormirent à quelque distance l'un de l'autre. *Mélanie* s'éveille la première, et, n'apercevant point ses vaches, elle éveille *Maximin*. Tous deux traversent le ruisseau, remontent le tertre opposé en ligne droite, se retournent et découvrent leurs vaches sur une pente adoucie du mont Gargas. Alors ils se mettent à redescendre pour aller reprendre leurs sacs, restés vers la fontaine desséchée. A peine leurs yeux commençaient-ils à se tourner de ce côté, qu'ils sont frappés d'une clarté éblouissante, à laquelle succède bientôt la vue d'une dame éclatante de lumière, assise sur les pierres de la fontaine, dans une attitude qui indique une profonde tristesse. Les enfants sont saisis : Mélanie laisse tomber son bâton ; Maximin lui dit de le garder pour se défendre en cas de besoin. Alors la dame se lève, croise les bras, et leur dit :

« Avancez, mes enfants, n'ayez pas peur,
» je suis ici pour vous conter une grande
» nouvelle. »

Les enfants passent le ruisseau ; la dame s'avance vers eux jusqu'à l'endroit où ils s'étaient endormis ; elle se place entre eux, et, versant des larmes continuelles, elle leur parle ainsi :

« Si mon peuple ne veut pas se soumet-
» tre, je suis forcée de laisser aller le bras
» de mon Fils.

» Il est si lourd, si pesant, que je ne puis
» plus le retenir.

» Depuis le temps que je souffre pour
» vous autres, si je veux que mon Fils ne
» vous abandonne pas, je suis chargée de
» le prier sans cesse.

» Et pour vous autres, vous n'en faites
» pas cas.

» Vous aurez beau prier, beau faire, ja-
» mais vous ne pourrez récompenser la
» peine que j'ai prise pour vous autres.

» Je vous ai donné six jours pour travail-
» ler, je me suis réservé le septième, et on
» ne veut pas me l'accorder (1), c'est là ce
» qui appesantit la main de mon Fils.

(1) La sainte Vierge, par cette tournure pleine de

» Ceux qui conduisent les charrettes ne
» savent pas jurer sans y mettre le nom de
» mon Fils au milieu.

» Ce sont les deux choses qui appesan-
» tissent tant la main de mon Fils.

» Si la récolte se gâte, ce n'est rien qu'à
» cause de vous autres. Je vous l'ai fait
» voir l'année dernière, par les pommes de
» terre; vous n'en avez pas fait cas. C'est
» au contraire : quand vous trouviez des
» pommes de terre gâtées, vous juriez,
» vous mettiez le nom de mon Fils. Elles
» vont continuer, *que* cette année, pour
» Noël, il n'y en aura plus. »

Ici les enfants, ne comprenant pas ce que la dame veut dire par *pommes de terre*, se regardent l'un l'autre et se demandent ce qu'elle entend par pommes de terre; qui, à

majesté, ne parle plus seulement au nom de son Fils, elle le fait parler lui-même. Ainsi parlaient Moïse et les Prophètes dans l'ancienne loi, ou plutôt ainsi faisaient-ils parler Dieu lui-même.

Corps et dans plusieurs endroits du Dauphiné, s'appellent *truffes*.

Alors la dame reprend :

« Ah ! vous ne comprenez pas le français,
» mes enfants ; attendez, *que* je vais vous
» le dire autrement. »

Ici elle leur parla en patois. En voici la traduction :

« Si la récolte se gâte, ce n'est rien que
» pour vous autres. Je vous l'ai fait voir
» l'an passé par les pommes de terre ; vous
» n'en avez pas fait cas. C'est au contraire :
» quand vous en trouviez de gâtées, vous
» juriez, vous mettiez le nom de mon Fils.
» Elles vont continuer, *que* pour la Noël il
» n'y en aura plus.

» Si vous avez du blé, il ne faut pas le
» semer : tout ce que vous sèmerez, les
» bêtes le mangeront ; ce qui viendra tom-
» bera tout en poussière quand vous le
» batterez.

» Il viendra une grande famille. Avant

» que la famille vienne, les enfants au-
» dessous de sept ans prendront un trem-
» blement et mourront entre les mains des
» personnes qui les tiendront; les autres
» feront pénitence par la famine.

» Les noix deviendront mauvaises; les
» raisins pourriront. »

Ici la sainte Vierge donne à Maximin, puis à Mélanie, un secret sur lequel ces enfants sont impénétrables; et pendant qu'elle parlait à l'un, l'autre n'entendait rien et n'apercevait que le mouvement des lèvres.

« S'ils se convertissent, les pierres et les
» rochers se changeront en monceaux de
» blé, et les pommes de terre seront ense-
» mencées à travers les terres.

» Faites-vous bien votre prière, mes
» enfants? »

Tous deux répondent : « Pas guère,
» Madame. »

« Il faut bien la faire, mes enfants, soir

» et matin. Quand vous ne pouvez pas
» mieux faire, dire au moins un *Pater* et
» un *Ave Maria*, et quand vous aurez le
» temps, en dire davantage.

» Il ne va que quelques femmes âgées à
» la Messe; les autres travaillent le diman-
» che tout l'été, et l'hiver, quand ils ne
» savent que faire, les garçons ne vont à
» la Messe que pour se moquer de la reli-
» gion. Le carême, on va à la boucherie
» comme des chiens.

» N'avez-vous pas vu du blé gâté, mes
» enfants? »

Tous deux répondent : « Oh! non, Ma-
» dame. »

« Vous devez bien en avoir vu, vous, mon
» enfant (en s'adressant à Maximin), une
» fois vers la terre du coin, avec votre père.
» Le maître de la pièce dit à votre père
» d'aller voir son blé gâté, vous y êtes allés
» tous les deux. Vous prîtes deux ou trois
» épis de blé dans la main, vous les frot-

» tâtes, et tout tomba en poussière ; puis
» vous vous en retournâtes. Quand vous
» étiez encore à une demi-heure de Corps,
» votre père vous donna un morceau de
» pain et vous dit : Tiens, mon enfant,
» mange encore du pain cette année ; je ne
» sais pas qui en mangera l'année prochai-
» ne, si le blé continue encore comme ça. »

Maximin a répondu : « Oh ! oui, Madame,
» je m'en souviens à présent : tout à
» l'heure je ne m'en souvenais pas. »

Après cela, la dame leur a dit en français:
« Eh bien ! mes enfants, vous le ferez
» passer à tout mon peuple. »

Après avoir passé le ruisseau, elle leur a répété : « Eh bien ! mes enfants, vous le
» ferez passer à tout mon peuple. »

Elle monta ensuite jusqu'à l'endroit d'où les enfants avaient aperçu leurs vaches, elle marchait sans faire plier l'herbe sous ses pieds. Maximin et Mélanie la suivaient. Ensuite, s'élevant un peu au-dessus du sol, elle regarda le ciel et ensuite la terre, puis elle disparut graduellement, la tête la première, ensuite les bras, enfin les pieds, ne laissant après elle qu'une clarté de courte durée.

D'après les enfants, elle avait des souliers blancs avec des roses autour, un tablier jaune, une robe blanche avec des perles partout, un fichu blanc, un bonnet haut avec une couronne de roses. Elle avait une chaîne très-petite à laquelle pendait une croix, avec son Christ; à droite de la croix, des tenailles; à gauche, un marteau. Aux extrémités de la croix, une autre grande chaîne tombait ainsi que des roses, tout autour de son fichu. Elle avait la figure blanche, allongée, et tellement éblouissante, que les enfants ne pouvaient la regarder longtemps.

LA SALETTE EXAMINÉE A ROME.

Le 18 juillet 1851, M. Rousselot, vicaire-général, et M. Gérin, curé de la cathédrale de Grenoble, remettaient à S. S. Pie IX trois lettres : une de Mgr l'Evêque de Grenoble, qui accréditait ses deux envoyés, et les deux autres renfermant le secret des enfants de la Salette.

Chaque secret, cacheté par l'enfant en présence d'honorables témoins, a été scellé du sceau de Mgr l'Evêque de Grenoble.

Sa Sainteté décacheta les trois lettres, les lut, et commençant par celle de Maximin, elle dit : « *Il y a de la candeur et de la simplicité dans cet enfant......* »

Après la lecture de la lettre de Mélanie, Sa Sainteté dit : « *Il faut que je relise ces lettres à tête reposée.* »

Pendant la lecture de cette dernière lettre, une certaine émotion se manifesta sur le visage du Saint-Père ; ses lèvres se contractèrent et ses joues se gonflèrent. Lecture faite, le Saint-Père s'écria :

« *Ce sont les fléaux dont la France est*

menacée ; elle n'est pas seule coupable :
*l'Allemagne, l'Italie, la Suisse, l'Europe
entière est coupable et mérite des châtiments...* »

Faveurs accordées par le Souverain-Pontife au Sanctuaire de N.-D. de la Salette

I. Un rescrit du 24 août 1852 déclare privilégié à perpétuité le maître-autel du Sanctuaire de la Salette.

II. Un bref du 26 août 1852 accorde à tous les fidèles qui sont inscrits ou se feront inscrire dans la Confrérie de Notre-Dame Réconciliatrice de la Salette :

1° Une indulgence plénière le jour de leur entrée dans la Confrérie ;

2° Une indulgence plénière à l'article de la mort ;

3° Une indulgence plénière une fois par an le jour de la fête principale de la Confrérie et beaucoup d'autres indulgences partielles.

III. Un bref du 3 septembre 1852 accorde une indulgence plénière une fois par an à tous ceux qui visiteront l'église de Notre-Dame de la Salette.

IV. Un bref du même jour accorde une indulgence plénière aux fidèles qui suivront les exercices des missions ou des retraites prêchées par les missionnaires de la Salette, pourvu qu'ils aient assisté au moins à trois prédications.

V. Un bref du 7 septembre 1852 accorde aux missionnaires de la Salette le pouvoir d'indulgencier les croix, médailles et chapelets, et de donner le scapulaire aux fidèles.

VI. Par un bref du même jour, la Confrérie de Notre-Dame de la Salette est érigée en Archiconfrérie.

VII. Par un indult du 2 décembre 1852, S. S. Pie IX autorise à célébrer chaque année sous le rit solennel, dans toutes les églises du diocèse de Grenoble, le 19 septembre ou le dimanche suivant, la mémoire de l'apparition de la sainte Vierge, par une grand'messe et le chant des vêpres comme dans les fêtes de la sainte Vierge.

Réflexions sur le récit des Enfants.

La très-sainte Vierge, dans cette apparition, fait entendre à son peuple des plaintes, des menaces, des promesses.

I. DES PLAINTES qui ont pour objet :

1° Les péchés des hommes : *La main de mon Fils est si forte, si pesante, que je ne puis plus la soutenir.*

Autant ces paroles étaient au-dessus de la faible intelligence des petits bergers, autant elles sont conformes à la croyance de l'Église, qui, depuis dix-huit siècles, ne cesse de proclamer l'auguste Marie l'avocate, la caution, le refuge des pécheurs.

2° Leur endurcissement dans le péché : *Depuis le temps que je souffre pour vous autres, si je veux que mon Fils ne vous abandonne pas, je suis chargée de le prier* sans cesse. . . . . Et cette divine Marie répète plusieurs fois : *Vous autres vous n'en faites pas cas.*

Impossible que les deux enfants, qui ne connaissaient ni la sainte Vierge ni son divin Fils, aient inventé ces paroles si nobles, si vraies, et qui peignent si bien l'indifférence léthargique de tant de chrétiens, que rien n'éveille, que rien ne touche, que rien ne ramène à Dieu.

3° La profanation des saints jours : *Je vous ai donné six jours pour travailler, je me suis réservé le septième, et on ne veut pas me l'accorder.*

Voici un texte littéralement biblique, plein de majesté, entièrement au-dessus de la portée des deux petits pâtres. Mais fut-il jamais un reproche mieux mérité ? En s'attaquant à cette violation aussi générale qu'elle est révoltante, la Mère de Dieu ne signale-t-elle pas la cause première de l'ignorance, du mépris et de l'abandon de tous les devoirs religieux ? Ne semble t-elle pas vouloir s'unir à l'Église, qui, par l'organe de ses pontifes, réclame depuis longtemps et avec force contre ce désordre, source de tous les désordres.

4° Les jurements et les blasphèmes : *Ceux qui conduisent les charrettes ne savent pas jurer sans y mettre le nom de mon Fils au milieu.*

Quel siècle a été plus fécond que le nôtre en épouvantables blasphèmes ? Et sans parler de ceux qui semblent n'avoir conservé quelque idée de Dieu que pour le blasphémer ou pour jurer en vain son adorable Nom ; combien qui ne rougissent plus d'attaquer ouvertement ce qu'il y a de plus sacré et de plus respectable dans notre sainte Religion ? Combien qui vont jusqu'à poursuivre de leurs blasphèmes et de leurs sarcasmes impies Dieu lui-même, Dieu et ses mystères, Jésus-Christ et son

Évangile, l'Église et ses institutions les plus salutaires ?

5° Des irrévérences dans le lieu saint : *On ne va à la Messe que pour se moquer de la Religion.*

La désertion de nos églises est un des plus grands désordres de l'époque, mais leur profanation est un de ces crimes que la justice de Dieu laisse rarement impunis, même dès cette vie.

6° La violation et le mépris des lois de l'Église : *Le Carême, on va à la boucherie comme des chiens.*

On s'est récrié contre la bassesse apparente de ce langage ; mais outre qu'il est conforme à celui des prophètes, la Mère de Dieu était-elle tenue de ménager les termes à l'égard de ces hardis contempteurs des lois de l'Église, à l'égard de ces lâches esclaves ou d'un maudit respect humain ou d'une sensualité toute animale ?

II. Les menaces de la Sainte-Vierge;

elles sont conditionnelles : *S'ils ne se convertissent.*

Quelques-unes regardent l'année même de l'apparition : *Pour Noël il n'y aura plus de pommes de terre.*

D'autres regardent des temps plus éloignés : *Il viendra une grande famine ; avant que la famine vienne, les enfants au-dessous de sept ans seront saisis d'un tremblement et mourront entre les mains de ceux qui les tiendront ; les autres feront pénitence par la famine. Les raisins pourriront et les noix deviendront mauvaises.*

Il est de prétendus sages qui veulent attendre l'accomplissement de cette terrible prophétie pour croire à la réalité de l'apparition de la sainte Vierge. Cette conduite est-elle conforme aux règles de la prudence ? Cependant le Ciel, qui ne punit qu'à regret, ne nous montre encore le fléau de la famine que dans le lointain, pour nous faire rentrer en nous-mêmes, et pour nous donner le temps de nous convertir, il ne nous en fait encore sentir que les terribles avant-coureurs. Pendant que la maladie de la pomme de terre continue d'exercer ses ravages, une autre maladie inconnue comme la première, et tout à fait imprévue, mais prédite quatre ans auparavant, dévore la vigne, attaque l'olivier, et a fait à peu près disparaître l'oranger dans les contrées méridionales.

III. LES PROMESSES DE LA SAINTE VIERGE.

Elles regardent cette vie, où les peuples comme peuples peuvent seulement être punis ou récompensés temporellement. Mais il est impossible qu'une nation soit punie ou récompensée en corps, sans que les individus aient aussi leur part plus ou moins grande au châtiment général ou à la prospérité publique.

Ces promesses dépendent de la conversion : *S'ils ne se convertissent*. Hâtons-nous donc de nous convertir, ne restons pas plus longtemps sourds aux avertissements que Marie est venue nous donner sur la sainte montagne.

Cette montagne, comme l'appelle un serviteur de Dieu, est cette chaire sublime du haut de laquelle la Reine du ciel, prêchant l'univers entier, lui dit : Convertis-toi, ô mon peuple, convertis-toi, et reviens au Seigneur ton Dieu, si tu ne veux périr !!!

Cette montagne peut être appelée avec raison le lieu de la nouvelle promulgation de l'Évangile. En effet, la sainte vierge y a parlé de son Fils, de la puissance suprême de son Fils, des commandements donnés par son Fils, du courroux de son Fils, qui est terrible, du *bras* de son Fils qu'elle ne ne peut plus *retenir*. N'est-ce pas proclamer expressément la divinité et tout ensemble l'humanité de ce Fils adorable ? N'est-ce pas présenter l'abrégé essentiel des dogmes chrétiens ?

Cette montagne, c'est encore le calvaire

remis sous les yeux du juste et du pécheur, de l'homme qui a conservé la foi et de celui qui l'a perdue. C'est pour cela que Marie apparaît à la Salette avec toutes les marques de la plus profonde tristesse : elle répand des larmes abondantes pendant tout le temps qu'elle parle aux enfants ; elle porte sur sa poitrine l'image de son divin Fils attaché à la croix et environné des instruments de sa passion. Elle apparaît encore un samedi vers les trois heures du soir, la veille du jour où l'Église l'honore comme *Notre-Dame des Sept-Douleurs*, comme *Notre-Dame de Pitié*, afin de toucher plus sûrement le cœur du pécheur le plus endurci, par le souvenir des souffrances du Fils et de la Mère.

L'événement de l'apparition de l'auguste Mère de Dieu à deux pauvres petits bergers des Alpes est aujourd'hui regardé comme un fait réel, indubitable, à l'abri de toute objection sérieuse ; elle fut racontée par ces deux enfants, sans éducation, sans instruction aucune, et tellement ignorants qu'ils ne comprenaient pas même tous les mots qui composent leur récit. Ces deux enfants n'ont été ni *trompeurs* ni *trompés*, on l'a démontré, et on peut dire hardiment que l'univers s'en est assuré. Rome a accepté et approuvé le jugement doctrinal que Mgr de Grenoble en a porté par son mandement du 19 septembre 1851. L'apparition est en outre solennellement confirmée par la voix persuasive des miracles nombreux, éclatants et parfaitement constatés, qui se sont opérés depuis six ans par l'intercession de Notre-Dame de la Salette : ce sont des malades désespérés des médecins, et déjà condamnés à une mort prochaine ou à des infirmités perpétuelles, qui sont tout à coup guéris et rendus à une santé parfaite, par suite de l'usage qu'ils ont fait de l'eau d'une fontaine sur laquelle la Reine du ciel a apparu aux deux jeunes bergers.

Cette source précieuse, qui était à sec le jour de l'apparition, et qui, depuis ce jour-là, n'a pas cessé un moment de couler, même dans les temps de sécheresse, est un bienfait nouveau et inattendu, de la part de la Vierge de la Salette.

L'eau de cette fontaine est, avec raison, appelée merveilleuse, déjà elle a opéré des milliers de prodiges, non-seulement en guérissant les maux du corps, mais aussi en étendant ses salutaires effets jusque sur les âmes, témoins de nombreuses conversions obtenues à la suite de prières accompagnées de l'usage de l'eau......

Pour la gloire de Marie et la consolation de ses enfants, nous citerons quelques-uns de ces prodiges :

« Le 17 novembre 1846, deux mois seuement après l'apparition, la confrérie des Pénitents de Corps se rend processionnellement pour la première fois sur la montagne pour y chanter l'office. *Marie Laurent* se recommande à leurs prières et fait usage de l'eau de la fontaine. Pendant qu'on chante l'office et qu'on prie pour elle, tout à coup elle se lève seule de son fauteuil, jette ses béquilles pour ne plus les reprendre, va annoncer à son mari qu'elle ira bientôt seule à l'église. Elle y va, en effet, sans le secours de personne, se confesser le 24; elle y retourne communier le 25. Depuis 8 ans, elle ne pouvait ni se lever, ni se coucher, ni entreprendre seulement de faire quelques pas sans un secours étranger; elle était incapable d'aucun travail; elle était percluse de tous ses membres, et éprouvait des douleurs continuelles. »

Autre guérison.

« Une jeune personne de Lalley, canton de Clelles, âgée de moins de 20 ans, en service à Marseille depuis 2 ans, devint aveugle, et, au jugement de plusieurs médecins célèbres, est condamnée à rester telle toute sa vie. Elle est pleine de confiance en Marie ; elle va l'invoquer dans son sanctuaire *de la Garde*. En même temps, elle a entendu parler de son apparition à la Salette et des effets merveilleux de l'eau de la Salette. Elle est rendue à ses parents et par eux conduite au sommet du mont béni. Là, au pied de la croix de la conversation de Marie, avec les deux enfants, elle prie avec ferveur, se frotte les yeux avec l'eau de la fontaine, y ressent une vive douleur qu'elle calme aussitôt en avalant de cette même eau, et, sur-le-champ, elle est guérie, elle voit ! Des larmes de joie coulent de tous les yeux. Quarante ou cinquante pèlerins sont témoins du miracle, dont procès-verbal est dressé sur le lieu même de l'événement, par le curé de la Salette. »

Guérison de la sœur St-Charles à Avignon.

« Tout Avignon a connu la maladie de la sœur Saint-Charles ; tout Avignon a été témoin de sa guérison radicale, instantanée et parfaitement soutenue. Malade depuis 8 ans d'une maladie de langueur, réduite à garder le lit presque continuellement, condamnée depuis 4 mois par les médecins, ayant la langue et la bouche tellement ulcérées, qu'elle ne peut presque plus ni avaler ni se faire entendre ; munie des derniers sacrements et parfaitement résignée à la mort, mais conservant au fond de son âme un secret pressentiment qu'elle guérira par l'intercession de Notre-Dame de la Salette, depuis qu'elle fait usage de l'eau merveilleuse et qu'elle a commencé avec ses sœurs une neuvaine de prières : telle est la sœur *Saint-Charles* le 16 avril 1847, à 7 heures du matin. Une demi-heure après, elle est guérie ; l'ulcération de la bouche a disparu ; elle a recouvré au même instant la voix, l'appétit, les forces... Elle court à la chapelle remercier Dieu et sa sainte Mère, se présente à ses sœurs étonnées et attendries, et dès ce moment reprend, pour ne plus la quitter, sa place dans la communauté. »

Guérison d'un enfant.

« Monsieur et Madame de Goys, dont la famille est alliée à celle de S. Em. le cardinal-archevêque de Lyon, avaient un fils horriblement estropié ; cet enfant avait les jambes comme mortes ; il ne pouvait marcher qu'à genoux et avec des béquilles. Quand il était las de marcher à genoux, on l'élevait sur de hautes béquilles avec une jambe de bois appliquée sous son genou, l'autre jambe traînant sur la poussière. Eh bien ! le mercredi d'après Pâques de cette année 1852, cet enfant a repris l'usage de ses jambes, à 11 heures, pendant la Messe, et pendant une neuvaine à Notre-Dame de la Salette ; et il est allé avec ses père et mère faire en actions de grâces de ce bienfait, le pèlerinage sur la montagne bénie. »

Guérison de Jeanne Laurent, de Clichy.

Jeanne Laurent est une pauvre servante,

au service de maîtres qui sont les tristes jouets de l'incrédulité. Elle a le malheur de s'enfoncer une épingle dans l'oreille. Un médecin travaille inutilement pendant deux heures et demie pour la lui retirer, et la voilà en proie à de cruelles douleurs. Conduite à l'Hôtel-Dieu-de-la-Pitié, elle est visitée par des chirurgiens qui la tiennent quatre heures et demie sans pouvoir la soulager. Elle se trouve mal deux fois pendant cette terrible opération. De retour chez elle, son premier médecin la visite encore, mais, cette fois, il déclare qu'elle est perdue sans ressource. La pauvre Jeanne, délaissée de ses maîtres, qui ne veulent pas être témoins de sa mort, et luttant contre d'horribles souffrances, pense à recourir à Marie. Elle l'invoque de toutes ses forces, la conjure avec larmes de venir à son secours, met dans son oreille un petit morceau de pierre venue de la Salette, et boit un peu d'eau de la montagne de l'apparition. A l'instant elle vomit un gros caillot de sang et de matière, dans lequel elle a la pensée de chercher avec un petit morceau de bois la malheureuse épingle... Elle l'y trouve ! Dès le lendemain elle est à l'ouvrage avant que ses maîtres soient levés.

Guérison d'une religieuse de la communauté du Sacré-Cœur, à Lille.

Cette religieuse, impotente depuis 12 ans par suite de la paralysie d'une jambe, ne pouvait marcher que très-péniblement et à l'aide de deux béquilles. Après avoir employé les remèdes les plus violents, tels que le fer et le feu, et épuisé toutes les ressources de l'art, les médecins avaient déclaré le mal incurable; mais Marie en réservait un dans les trésors de sa miséricorde. La religieuse, ayant entendu le récit de plusieurs miracles opérés par l'intercession de Notre-Dame de la Salette, conçut une pensée de foi, de confiance et d'espoir; et, sous la douce impression d'une piété vive déjà envers la Vierge puissante, elle commença une neuvaine, ou plutôt fit une prière continuelle pendant neuf jours ; car ses lèvres ne cessèrent de murmurer le *Souvenez-vous.* Chaque jour aussi, elle marquait le membre malade du signe de la croix, avec l'eau de la fontaine de la sainte montagne. Le miracle désiré ne manqua pas à la foi de la pieuse servante du Seigneur : le neuvième jour (21 juin 1852), au milieu d'une réunion de communauté, elle se lève, marche seule et sans aucun appui ; la jambe, jusque-là froide, insensible, et les articulations atteintes d'ankyloses, avaient recouvré la vie et étaient devenues aussi souples que les membres les plus sains.

Extrait d'une lettre du monastère de la Visitation de Valence, le 15 juillet 1852.

Une de nos élèves était devenue aveugle depuis plusieurs mois, presque subitement atteinte d'une amaurose qui l'empêchait de distinguer ni personne ni objet ; il fallait même lui mettre en main, pour ainsi dire, les aliments nécessaires à la vie. En vain avait-on fait plusieurs remèdes, la médecine, dit-on, n'en a pas pour ce genre de mal ; neuvaine, prière, tout fut inutile : le miracle devait être opéré à la gloire de Marie, et c'est à la chapelle même de Notre-Dame de la Salette qu'il a eu lieu, et voici comment :

Notre jeune élève Marie Lauzur partit d'ici le samedi 27 juin, accompagnée d'une de nos sœurs tourières, résolue à faire ce pèlerinage à pied, autant que possible, depuis notre monastère de Saint-Marcelin, d'où l'on compte près de 20 lieues. Mais, animée d'une foi vive et d'une confiance inébranlable en Marie, notre chère enfant se disait : Oh ! la sainte Vierge me guérira le jour de la Visitation, ou au moins elle me donnera le courage de me résigner.....

Arrivées à la Salette, la tourière et la jeune aveugle demandèrent au Père missionnaire de vouloir bien leur donner la sainte communion avant la Messe, qui devait se dire à dix heures ; le Père accéda volontiers à leur demande, et à peine notre élève avait-elle reçu la sainte communion, qu'elle éprouva ce qu'il est impossible de définir... Elle était guérie ; mais, trop vivement émue pour se faire entendre, elle tomba dans les bras de notre sœur tourière : on s'empressa de la secourir ; mais dès qu'on l'entendit s'écrier : *J'y vois!...* le transport de la plus vive allégresse éclata parmi les assistants.

Le pieux missionnaire témoin de ce miracle en fut si vivement impressionné, qu'il lui fallut interrompre à chaque instant les litanies qu'il avait commencé à réciter en actions de grâces ; immédiatement après le saint sacrifice de la Messe, il s'empressa de faire connaître ce prodige à la supérieure du monastère de Valence. Voici un extrait de sa lettre :

Madame,

Livrez-vous à toute la joie de votre cœur maternel ; faites éclater des sentiments de reconnaissance envers Notre-Dame de la Salette ; votre chère enfant Mlle Lauzur a complètement recouvré la vue le 1er juillet, dans notre modeste chapelle de la Salette ; après avoir fait la sainte communion, elle s'est écriée : J'y vois... j'y vois... O ma bonne Mère, je vous vois... ô Marie !

Je vous remercie, madame, de nous avoir envoyé un ange sur notre montagne.

Sibillat,
Missionnaire de N.-D. de la Salette.

Un enfant sauvé d'un éminent danger.

A Giers, près de Grenoble, une petite fille de deux ans et demi se trouvait séparée de sa mère par la grand'route, au moment où vint à passer la voiture d'une dame dont la fille, accompagnée de sa grand'mère, avait fait le pèlerinage de la Salette. L'enfant effrayée, voulant rejoindre sa mère, traversé la route et est renversée par le cheval : la roue passe en travers sur la poitrine de la pauvre petite et lui rase la joue... Mon enfant !... sauvez ma chère enfant !... elle est tuée, ma pauvre petite ! s'écrie la mère, qui tombe presque évanouie, tandis que la dame de la voiture perdait tout à fait connaissance. Cependant, l'enfant est relevée, on l'examine... elle ne paraît avoir d'autre mal qu'une légère éraflure à la joue; on la déshabille : rien à la poitrine ! rien... je me trompe, une médaille de Notre-Dame de la Salette que la pieuse mère lui avait suspendue au cou, avait été froissée, et doublée sur sa petite poitrine : la roue n'avait endommagé que cette médaille, qui avait servi d'égide à l'enfant confiée par sa mère à **NOTRE-DAME DE LA SALETTE**.

A la vue de ces faits merveilleux, incontestables, ne semble-t-il pas que de nos jours Dieu veuille ajouter à toutes les gloires de Marie une gloire nouvelle, ne semble-t-il pas que plus qu'en tout autre siècle, des grâces précieuses, des bénédictions abondantes sont assurées à ceux qui aiment et vénèrent Marie, mais plus particulièrement encore à ceux qui tournent leurs regards vers la montagne privilégiée et bénie ; vers cette montagne si riche, si féconde en biens spirituels comme en faveurs temporelles ?

Ces prodiges étonnants attestent et confirment de plus en plus la vérité de l'apparition ; ils dissipent et font évanouir tous les doutes, ils consolent, ils réjouissent les vrais fidèles ; ils affermissent en nos cœurs les sentiments de confiance, d'amour et de gratitude dont nous sommes déjà pénétrés pour cette Reine si aimable qui n'a pas dédaigné de venir visiter ses enfants ni de reposer ses pieds sacrés sur une des montagnes de notre patrie...

Aussi malgré la rage de l'enfer et les

efforts de l'impiété, réunis de concert pour anéantir le bienfait de cette apparition, la merveille de la sainte montagne, comme un géant victorieux, a franchi les mers d'un pôle à l'autre.

Pouvait-il en être autrement, et après cinq années d'examen, de recherches et d'enquêtes sur ce fait mémorable, après des milliers d'interrogatoires subis par les deux jeunes bergers, si habilement dirigés par des personnes graves, instruites et sagement défiantes ;

Après les réponses toujours claires, précises et péremptoires données par les deux petits bergers, et sur le fait lui-même et sur le secret qui leur est confié ;

Après des milliers de conversions et de grâces obtenues par l'invocation de Notre-Dame de la Salette, et par l'usage de l'eau puisée sur la célèbre montagne ;

Après la constatation de plus de quarante faits miraculeux, attestés par de nombreux témoins, par des médecins habiles et consciencieux, par des prêtres et par des évêques;

En un mot, après tout ce qui a été dit, fait et écrit sur ce prodige, n'est-on pas fondé à proclamer que cette apparition de la très-sainte Vierge est réelle et véritable, et ne devons-nous pas nous écrier avec le Roi-Prophète : *A Domino factum est istud, et est mirabile in oculis nostris.* Oui, c'est le Seigneur qui a fait cela; et c'est ce qui paraît à nos yeux digne d'admiration ! » (Ps. CXVII, 23.)

Cet événement était trop remarquable, et il s'était opéré dans des circonstances trop solennelles pour qu'on ne le perpétuât pas jusqu'aux générations les plus reculées. C'est là ce qui engage le digne pontife du diocèse où le fait s'est accompli, à ériger à l'endroit même de l'apparition miraculeuse un temple qui soit un témoignage de la miséricordieuse bonté de Marie envers nous, et de notre profonde gratitude envers elle. Il veut consacrer les restes d'une longue carrière à la construction d'un sanctuaire en l'honneur de notre auguste Mère, sur la montagne privilégiée qu'elle a daigné honorer de sa présence, et sur laquelle a retenti sa céleste voix. Ce sanctuaire, selon la pensée du vénérable Évêque de Grenoble, doit être digne de la Reine du ciel et un témoignage de notre reconnaissance envers elle...

Mais pour réaliser une entreprise de ce genre, une entreprise presque colossale, dans un lieu d'un accès si difficile et dépourvu de toutes ressources, que de difficultés à surmonter! que d'obstacles à vaincre! que de sacrifices à faire! Un sanctuaire s'élevant au-dessus des plaines environnantes d'une hauteur de plusieurs milliers de mètres, la nécessité de construire à côté de ce sanctuaire une maison pour les missionnaires qui doivent le desservir, et un hospice qui soit un abri et un refuge convenable pour les pèlerins, nécessité imposée, tant par l'élévation de cette montagne que par la distance presque effrayante qui la sépare de toute habitation.

La sagesse, la prudence consommée du vénéré pontife ont tout prévu ; sa foi vive et ardente, sa charité infatigable et héroïque, ne se sont pas laissé effrayer par tant de difficultés ; plein de confiance dans le secours du Ciel et dans le dévouement toujours sublime des enfants de Marie, il se contente de faire en ce moment un appel aux prêtres et aux fidèles de la France et de l'étranger. Et, comme lui-même nous le disait dans une de ces lettres, pour l'érection de ce monument, destiné, dans les vues du Très-Haut, à devenir la Lorette de la France, il ose compter sur l'obole si méritoire du pauvre, comme sur les pieuses libéralités du riche.

Déjà ce sanctuaire si désiré est en voie de construction, c'est le 25 mai dernier qu'ont eu lieu la bénédiction et la pose de la première pierre.

Dès la veille une foule immense de pèlerins de tous les âges et de tous les pays, étaient arrivés sur cette terre bénie. Ils étaient venus préluder à la fête du lendemain par des prières en commun et en plein air ou par des chants religieux qui ont duré toute la nuit.

A une heure du matin, des paroisses entières arrivaient aussi de toutes parts en procession, faisant également entendre des cantiques d'allégresse que les échos d'alentour répétaient avec une harmonie qui allait au cœur et jetait l'âme dans le ravissement.

Des Messes ont commencé à minuit précis et se sont succédé jusqu'au matin. Un nombre considérable de prêtres étrangers qu'animait un saint zèle, s'étaient réunis aux nouveaux missionnaires de la Salette pour exercer envers les pèlerins le ministère sacré de la réconciliation. A l'aube du jour, plus de trois mille de ces pieux pèlerins avaient déjà reçu de leurs mains l'auguste sacrement des autels.

C'est le 24, à 8 heures du matin, que Mgr l'Evêque de Grenoble partit en poste pour aller, le lendemain, présider en personne, à l'âge de 87 ans, la grande cérémonie. Il arriva vers les quatre heures du soir à Corps, et, après quelques instants de repos, il monta à cheval et alla coucher au village de la Salette.

Le lendemain matin, à six heures moins un quart, il monta de nouveau à cheval et fit l'ascension de la célèbre montagne avec une intrépidité et un sang-froid qui étonnèrent toutes les personnes de sa suite. Il n'y a que l'idée religieuse et le sentiment profond d'un grand devoir à remplir qui puissent ainsi redonner à la nature humaine les forces que le temps lui a déjà ravies. C'était beau, en effet, de voir le vénérable prélat, aujourd'hui le doyen des princes de l'Église de France, oublier entièrement son âge et ses souffrances (1), pour ne prendre conseil que de son zèle, de son culte fervent pour la Reine du ciel, et braver ensuite les difficultés, les fatigues inévitables d'un long et rude voyage. Oui, c'était beau de le voir, malgré l'incertitude du temps et les inconvénients d'une température variable, cheminer hardiment à travers des sentiers étroits, tortueux, rapides, regardant d'un œil calme et indifférent les affreux précipices qui se présentaient sans cesse à ses côtés et du fond desquels se faisait entendre, avec un horrible fracas, la voix mugissante des torrents.

Vers les 8 heures, Monseigneur arrivait sur le sommet de la montagne, sans fatigue et surtout sans accident. Dès qu'on eut annoncé sa présence, des milliers de pèlerins se

---

(1) Mgr de Bruillard est affecté depuis longues années d'une névralgie à la face, qui lui occasionne des douleurs vives et habituelles.

précipitèrent sur son passage et crièrent avec un enthousiasme difficile à décrire: *Vive Monseigneur l'Évêque!* Ces cris, mille fois répétés, retentirent au loin le long des montagnes. Rien n'était plus touchant que de voir cette immense population manifester les élans de sa joie à l'arrivée du pasteur vénéré du diocèse. Le bon, l'excellent Evêque ne pouvait rester insensible à tant de marques d'affection et de respect. Aussi sa figure trahissait-elle évidemment les vives et douces émotions dont son âme était remplie, et ses yeux se mouillèrent-ils de larmes d'attendrissement et de reconnaissance.

Et ensuite, quelle satisfaction et quel bonheur pour le pieux et saint prélat, de se trouver pour la première fois sur la montagne chérie, où avait eu lieu, six ans auparavant, l'un des plus mémorables événements dont la religion et le monde catholique aient à se glorifier.

Une fois remis de son émotion, Monseigneur s'empressa de célébrer la sainte Messe, à laquelle assista, soit dans l'intérieur de la chapelle en planches, soit à l'extérieur et agenouillée sur le gazon, une grande partie des pèlerins qui se trouvaient réunis sur la montagne. Une demi-heure après, on annonça l'arrivée de Monseigneur l'Evêque de Valence, entouré d'une foule considérable de fidèles, qui l'avaient suivi dans le long et rude trajet de Corps à la Salette. Ce fut le moment de la matinée le plus intéressant, le moment où l'enthousiasme fut porté au plus haut point, le moment où il y eut sur ces régions élevées le plus de mouvement et de vie.

A neuf heures, la cérémonie de la pose de la première pierre devait commencer, mais le temps, tout à coup devenu mauvais, amena une pluie fine et pénétrante qui attrista tous les cœurs et interrompit toutes les combinaisons du moment. Cependant à dix heures une procession formée par un nombreux clergé et suivie des deux vénerables prélats, se mit en marche pour se rendre à l'endroit où doit être érigé le nouveau sanctuaire. Un autel en planches d'une grande simplicité y avait été dressé ; six branches d'arbres verts et quelques guirlandes de diverses nuances, en faisaient tout l'ornement. A l'entrée de la vaste enceinte qu'on avait eu soin de construire autour de l'autel, les deux Evêques furent complimentés de la manière la plus délicate et la plus touchante par le digne et respectable supérieur des missionnaires de la Salette. La cérémonie commença immédiatement après et se prolongea jusqu'à midi.

Elle fut grave et imposante. C'est un des gros piliers du sanctuaire qui en était l'objet. Tout inspirait le recueillement et l'admiration ; mais le moment le plus solennel fut celui où les deux prélats, tenant en leurs mains une truelle d'argent aux armes de

Mgr l'Evêque de Grenoble, prirent successivement le ciment préparé dans une auge de marbre noir de la montagne de la Salette, l'étendirent sur la pierre qui servait de base à la pierre bénite, et posèrent sur cette dernière leurs mains épiscopales. Une médaille commémorative de cette cérémonie, et frappée tout exprès par les soins de MM. les entrepreneurs du sanctuaire, fut déposée sous cette même pierre.

Malgré la pluie qui ne cessa de tomber, la foule resta immobile, attentive et recueillie jusqu'à la fin de la cérémonie, qui fut suivie d'une chaleureuse allocution prononcée par M. l'abbé Sibillat, l'un des nouveaux missionnaires, et se termina par la Messe de Mgr l'Evêque de Valence et la bénédiction du saint Sacrement, à l'autel en plein air dont nous avons déjà parlé.

Le départ des deux Evêques eut lieu vers midi et demi. A cette heure, tout étant fini sur la montagne sainte, les pèlerins quittèrent aussi, mais non sans regret, ces lieux de bénédiction et de prière. Ce fut alors que les processions recommencèrent, que chaque paroisse arbora de nouveau sa bannière, que chacun se dirigea vers son gîte du soir. En se retirant comme en arrivant, les pèlerins chantaient les gloires de Marie et les faveurs de Notre-Dame de la Salette.

Mais, au milieu de cette pieuse multitude, ce qui attira tous les regards, ce fut notre vénéré pontife, qui avait tout bravé pour donner à la Mère de Dieu une preuve manifeste de sa foi et de sa piété.

Monseigneur ne pouvait revenir à cheval au village de la Salette et au bourg de Corps, sans s'exposer aux plus grands dangers. On lui fit observer que les chemins étaient fort escarpés, presque à pic, et que la pluie les avait rendus extrêmement glissants. Des hommes de la Salette, aux épaules robustes et au pas sûr, se chargèrent alors avec empressement de porter tour à tour leur Evêque dans une litière improvisée. Les pèlerins épars qui avaient devancé le pontife dans les étroits sentiers qui mènent au bourg, furent encore frappés d'un nouveau et touchant spectacle. Une clochette semblait demander passage, des chants religieux retentissaient de toutes parts ; alors ils se retournèrent et virent circuler sur les flancs de la montagne leur premier pasteur porté sous une espèce de tente qui le garantissait de l'intempérie de l'air, et à la tête d'une immense procession, dont les pieux accents se confondaient avec le son des cloches d'alentour. Tout en lui rappelait en ce moment le vertueux Fénélon. A cet aspect, qui n'eût pas été attendri?...

Le saint Evêque, qui, le jour de son départ pour la Salette, avait été accueilli sur toute sa route aux cris mille fois répétés de : *Vive Monseigneur !* vit de nouveau les populations s'agenouiller sous sa main vénérée, qui n'a jamais su prodiguer que des bienfaits et des bénédictions.

Disons-le en finissant :

La grande solennité de la Salette s'est terminée au milieu de la joie et du bonheur de tous. Chacun, à son départ, se sentait doublement satisfait, en pensant que d'un côté il venait de faire une bonne action, et que de l'autre, Marie, qui console les affligés et sert de refuge aux pécheurs, aurait désormais un sanctuaire digne d'elle sur la montagne privilégiée où elle reposa ses pieds sacrés.

La fondation du nouveau pèlerinage de Notre-Dame de la Salette, selon le dernier mandement de Mgr l'Evêque de Grenoble, sera pour « le peuple chrétien, dans la suite des temps, la *forteresse de Sion*, une *ville de refuge*, un asile contre les coups de la justice du Ciel, si souvent provoquée par les crimes de la terre. »

Rappelons-nous un instant l'époque à laquelle Marie apparut sur la montagne de la Salette. Cette apparition (le 19 septembre 1846) a été comme la préface des plus grands événements. Voyez les agitations populaires, les trônes renversés, l'Europe bouleversée, la société sur le penchant de sa ruine. Qui nous a préservé, qui nous préservera encore des plus grands malheurs, si ce n'est celle qui est venue d'en haut sur nos montagnes, pour y planter en quelque sorte un signe de ralliement et de salut, un phare lumineux, un serpent d'airain vers lequel les âmes pieuses ont levé les yeux pour détourner le courroux céleste et nous guérir de blessures incurables ?

Notre reconnaissance envers Marie pourrait-elle rester inactive et muette en face de cette démarche toute miséricordieuse de Marie en notre faveur ? Cette bonne Mère a vu les maux qui allaient fondre sur notre tête, comme autrefois Moïse cherchant à sauver les Israélites infidèles ; elle s'est interposée entre Dieu et nous, elle a prié son Fils de retenir sa foudre prête à nous atteindre, d'arrêter son bras irrité, et de contenir le torrent de ses vengeances : puis elle est venue sur cette terre révéler aux humbles et aux petits combien son Fils était irrité par les profanations de toute espèce auxquelles se livrent aveuglément tant de chrétiens ; elle est venue verser dans deux cœurs simples et purs les chagrins qui surchargeaient son cœur maternel ; et, empruntant le langage de la simplicité, qui est toujours celui de la véritable affection, elle nous a prévenus des châtiments et des calamités qui allaient fondre sur nous, et nous a conjurés d'apaiser par notre repentir et notre pénitence la juste colère de notre Dieu.

Marie a agi en cela comme la plus tendre et la meilleure des mères ; soyons sensibles à tant de bonté, faisons-nous un devoir d'imiter ces populations nombreuses qui, par une pratique plus exacte des préceptes divins, ont banni de leurs habitudes et le blasphème et la profanation du dimanche ; plus voisines du théâtre où Marie avait manifesté ses vues miséricordieuses, elles ont été aussi plus ardentes et plus empressées pour lui exprimer leur gratitude ; elles ont prié pour elles-mêmes sur cette montagne bénie et privilégiée ; elles y ont prié aussi pour nous ; car à quoi attribuer l'éloignement de tous ces malheurs dont naguère encore nous étions menacés, si ce n'est à ces accents de la prière présentée par Marie elle-même devant le trône de Dieu ? Si ces abîmes que des passions déchaînées avaient ouverts devant nous pour nous y engloutir, se sont fermés ; si le sol, tremblant sous nos pas, commence à se raffermir et à donner un peu de stabilité à nos entreprises ; si le ciel est un peu plus serein et laisse entrevoir la consolante aurore de jours plus heureux, à qui devons-nous ces bienfaits ? A

Dieu, sans doute ; mais à Dieu prié, sollicité, apaisé par Marie, sa Mère et la nôtre.

« Non, non, s'écrie ici avec raison le pieux Evêque de Grenoble, ce n'est pas en vain que la Mère de miséricorde est venue visiter les enfants des hommes ; ce n'est pas en vain qu'elle est venue en quelque sorte se réfugier dans nos montagnes, verser des larmes et nous avertir des châtiments qui nous étaient réservés! »

Des châtiments !... Mais que pourrions-nous faire pour les conjurer et les éloigner de nous? Oh! nous serons bientôt sauvés si nous voulons mettre à profit les sages et salutaires leçons de la plus tendre et de la meilleure de toutes les mères! Méditons donc de temps en temps, et avec attention, les circonstances de l'apparition de Marie, triste, désolée et fondant en larmes ; considérons surtout les causes de cette douleur profonde, les plaintes que nous adresse la Mère du Sauveur, les avertissements qu'elle nous donne et les maux dont elle se voit contrainte de nous menacer.

L'événement de la Salette peut être compté avec justice parmi les événements graves et extraordinaires qui se sont vus depuis les premiers jours de l'Église, et par conséquent il demande et mérite de notre part des réflexions sérieuses, des retours plus fréquents sur nous-mêmes, et par-dessus tout, des dispositions dans nos pensées, dans nos paroles et dans nos actions, qui soient toujours telles que celles que nous voudrons avoir lorsque les crimes de la terre forceront le Dieu de bonté de ne plus laisser agir que sa justice et sa sévérité.

Répondons à la tendre et si généreuse sollicitude de Marie par un amour et un dévouement sans bornes ; soyons zélés pour les intérêts de son culte et de sa gloire ; prouvons-lui la sincérité de notre piété filiale en contribuant généreusement à l'érection de son nouveau sanctuaire ; en un mot, ne négligeons rien pour que le témoignage de gratitude que nous allons lui offrir sur la montagne de la Salette, soit digne, par ses majestueuses proportions et par la richesse de ses ornements, de payer les bienfaits innombrables qu'elle accorde à la terre.

Déjà ce sanctuaire s'élève, et bientôt il s'élèvera à la hauteur de notre foi ; l'image de Marie brillera rayonnante, radieuse au soleil des Alpes ; et du haut de la tour bâtie par nos offrandes, elle portera jusqu'au ciel le magnifique témoignage de notre amour et de notre reconnaissance ; du haut de cette montagne bénie, elle arrêtera la foudre prête à tomber sur des pécheurs malheureusement trop coupables ; elle fera descendre des torrents de grâces, dont son aimable fontaine est l'emblême gracieux, torrents qui inonderont tous les peuples! qui les purifieront, qui les sauveront! et tous ensemble nous répéterons avec joie et bonheur ces accents prophétiques : *J'ai élevé les yeux vers les montagnes, d'où me vient mon secours ! Levavi oculos meos ad montes, undè veniet auxilium mihi.* (Ps. 120.)

Extrait d'une lettre de Mgr l'Evêque de Grenoble.

Grenoble, le 24 septembre 1853.

...... C'est une entreprise que celle de construire sur une montagne aussi haute une église qui soit digne de l'auguste et miséricordieuse Marie. On peut s'en faire une idée en songeant que tous les matériaux, comme le bois, le sable, etc., sauf la pierre, ne peuvent y être transportés qu'à dos de bêtes de somme. Aussi compte-t-on que la dépense totale du sanctuaire, de la maison des missionnaires et de l'hospice des pèlerins s'élèvera à un million de francs. Or, nous avons à peine trouvé le cinquième de cette somme, et nous l'avons presque

tout employé. Mais nous sommes plein de confiance en voyant plusieurs personnes se dévouer avec tant de zèle à notre œuvre, et nous espérons qu'au moyen des ressources qu'ils nous procureront, il nous sera permis au printemps prochain de reprendre les travaux, et de les continuer avec activité et sans interruption. . . . .
Soyez l'interprète de notre reconnaissance auprès de toutes les personnes qui répondront à votre appel. Le denier de la veuve et l'offrande considérable du riche trouveront plus haut leur récompense.

† MARIE-ACHILLE,
Evêque de Grenoble.

Extrait d'une lettre de Maximin Giraud, élève du petit séminaire de Grenoble.

Grenoble, le 15 octobre 1853.

Monchèr Monsieur,

Je vous suis très-reconnaissant de l'intérêt que vous prenez à l'œuvre de la Salette, mais je regrette de ne pouvoir satisfaire à votre demande. Je comprends pourquoi vous me la faites, c'est que probablement vous avez entendu dire que j'avais révélé quelque chose de mon secret ; cela n'est pas, je ne suis pas prophète. Mais vous allez peut-être me dire que sans être prophète, je puis parler d'après mon secret : eh bien ! non, je le dirai encore moins qu'auparavant. La raison en est toute simple, c'est que l'ayant donné au Souverain-Pontife, je ne le dirai pas sans qu'il me l'ordonne : et encore, s'il me l'ordonnait, je lui dirais que je ne le ferai pas moi-même, parce que lui ayant donné mon secret par écrit, il peut s'en servir.

Je vous remercie de tout l'intérêt que vous me portez, et de l'amitié que vous voulez bien me témoigner, quoique j'en sois indigne.

Je vous prie d'être assez bon pour me re-

commander aux prières de tous les braves
gens qui s'intéressent à l'œuvre de la Salette ; et moi, de mon côté je penserai aussi
devant Dieu aux habitants du Nord.

Je termine ma lettre en priant la sainte
Vierge de récompenser son zélé serviteur,
et je vous demande votre sainte bénédiction.

Je suis, avec respect, votre très-humble
serviteur,

GIRAUD Maximin.

*Extrait d'une lettre de Mélanie Matthieu,
novice au couvent de Corenc, près
Grenoble.*

Corenc, le 26 juin 1853.

Monsieur,

Ce n'est que d'après le commandement
de notre mère supérieure que je me fais
l'honneur de vous écrire quelques lignes,
pour vous parler de Marie, notre mère et
notre protectrice ; mais que dis-je ? vous
parler de la Reine des Anges !.........

. . . .

moi, qui l'avais si peu aimée avant qu'elle se montrât à moi sur la montagne privilégiée. . . . .
. . . .
. . . .

Voici quelques petites particularités qui ne sont peut-être pas écrites : 1° La très-sainte Vierge était entourée de deux clartés très-éblouissantes; je ne saurais pas donner de nom à la couleur de la première clarté qui apparut à nous, et qui s'étendait à peu près à 3 ou 4 mètres autour de notre Mère; par conséquent les deux malotrus bergers se trouvaient entourés de cette lumière qui ne se mouvait pas; mais il sortait du corps de cette bonne Mère une autre clarté plus belle et plus brillante, qui venait jusqu'à nous, et qui revenait et formait des rayons. Je ne pouvais pas regarder longtemps sans que mes yeux fussent remplis de larmes; cependant, dans ce moment, je me sentais beaucoup plus de force à résister; car si tout n'avait pas été surnaturel, rien qu'aux approches de la première clarté, j'aurais été réduite en poussière, et nous étions si près de la sainte Vierge, qu'une personne n'aurait pas pu passer entre. 2° La très-sainte Vierge avait des roses autour de son fichu et autour de ses souliers ; il y avait des roses blanches, bleues et rouges ; du milieu de ces roses, il sortait une espèce de flamme qui s'élevait comme l'encens et venait se mêler à la lumière qui entourait notre protectrice ; enfin, il est plus qu'impossible que Dieu, sans nous le dire, ne nous ait pas changé nos yeux, pour avoir pu être si longtemps dans un soleil. Dans le moment que la sainte Vierge parlait, le soleil que nous avons sur la terre ne paraissait plus qu'une ombre obscure, aussi je ne suis pas étonnée si mes yeux ne voient plus le soleil aussi brillant que je le voyais avant l'apparition. 3° Pendant que la sainte Vierge nous parlait, elle pleurait, et versait d'abondantes larmes. Oh ! Monsieur, qui ne pleurerait pas en voyant pleurer sa mère ? C'est pourtant notre mère qui pleure sur l'ingratitude de ses enfants. Les larmes de notre bonne Mère étaient brillantes, elles ne tombaient pas à terre, elles disparaissaient comme des étincelles de feu. La figure de Marie était blanche et un peu allongée ; elle avait des yeux bien doux ; elle regardait d'un air bien bon, bien affable, et attirait à elle malgré soi. Oh ! oui, il faut être mort pour ne pas aimer Marie, il faut être plus que ça, il faut n'avoir jamais été pour ne pas aimer et faire aimer Marie. Ah ! si je pouvais me faire entendre de tout l'univers, c'est bien là que je contenterais la soif que j'ai de faire aimer Marie !

O Jésus et Marie ! soyez connus et aimés de tous les cœurs, c'est toujours mon premier soupir en me réveillant tous les matins.

Veuillez bien, Monsieur, ne pas m'oublier dans vos prières, et moi, quoique très-indigne, je prierai pour vous.

Agréez l'hommage du profond respect avec lequel je suis,

Monsieur,
votre très-humble servante,

Sœur Marie de la Croix.

Vive Notre-Dame de la Salette!

Prière à Notre-Dame de la Salette.

Auguste Mère de Dieu, miséricordieuse Mère des hommes, votre amour pour nous vous a fait descendre sur cette terre couverte de crimes, vous y avez fait entendre vos plaintes, vos menaces et vos promesses maternelles. Mais combien de pécheurs ne se convertissent pas et restent toujours insensibles ! Bonne Mère, ne cessez pas d'user de votre droit de toute-puissance suppliante sur le cœur adorable de votre divin Fils, pour obtenir de sa miséricorde infinie des grâces de conversion pour tous les pécheurs et de sanctification pour les justes. Ainsi soit-il.

Notre-Dame de la Salette, ne cessez de soutenir le bras de votre Fils et de prier pour nous.

Sub tuum præsidium confugimus.

Nous nous mettons sous votre protection, sainte Mère de Dieu ; ne méprisez pas les prières que nous vous adressons dans nos besoins, mais délivrez-nous de tous les dangers, ô Vierge comblée de gloire et de bénédictions ?

Memorare.

Souvenez-vous, ô très-pieuse Vierge Marie, qu'on n'a jamais ouï dire qu'aucun de ceux qui ont eu recours à votre protection, imploré votre secours, réclamé vos suffrages, ait été abandonné; animé de cette confiance, ô Vierge des vierges, ô ma Mère, je cours, je viens à vous, je me prosterne avec gémissement à vos pieds, ô Mère du Verbe divin! ne méprisez pas mes prières, mais écoutez-les avec bonté, et daignez les exaucer.
Ainsi soit-il.

PRIÈRE
Composée en l'honneur de N.-D. de la Salette, par la R. M. Marie de St-Pierre, Carmélite.

1° Je vous salue, âme bienheureuse de Marie, parfaite image de la Divinité.

2° Je vous révère, corps sacré de Marie, temple vivant du Saint-Esprit.

3° Je vous bénis, sang précieux de Marie, qui avez servi à former le corps d'un Homme-Dieu, la rançon du pécheur.

4° Je vous baise avec un profond respect, pieds

charitables de Marie, qui n'avez pas dédaigné de descendre sur la montagne de la Salette, pour le salut de la France.

5° Je vous exalte, mains très-pures de Marie, qui pour la première fois avez offert au Père Éternel l'hostie sans tache.

6° Je vous vénère comme sanctuaire de Dieu, sein béni de Marie, ostensoir sacré du verbe incarné.

7° Je vous invoque, cœur immaculé de Marie, fournaise ardente de la charité.

8° Je vous sollicite, oreilles bienveillantes de Marie, toujours attentives aux cris du malheureux.

9° Je vous admire, lumineux yeux de Marie, pleins de douceur et de compassion, toujours ouverts sur nos besoins pour y subvenir ; faites-nous ressentir la vertu de vos charitables regards.

10° Je vous regarde avec amour, bouche incomparable de Marie, qui plaidez sans cesse notre cause auprès du Souverain Juge, et obtenez continuellement des sentences de pardon.

11° Je vous contemple avec allégresse, face resplendissante de Marie, toute éclatante de gloire et de beauté; donnez à vos enfants le baiser d'amour maternel, comme gage du traité de paix que nous vous prions d'obtenir d'un Dieu irrité à cause de nos crimes.

12° Je vous salue, arc-en-ciel de la miséricorde, apparaissez à nos yeux effrayés le jour de l'orage et empêchez la foudre de tomber sur nos têtes coupables.

Vouziers. — Imprimerie de Aug. LAPIE.

www.ingramcontent.com/pod-product-compliance
Lightning Source LLC
LaVergne TN
LVHW021002090426
835512LV00009B/2027